ヨイコドモ

上

モンブシヤウ

凡例

一、本書は、文部省著『ヨイコドモ』上・下(昭和十六年発行)を一冊にまとめたものです。

一、本文、挿絵は原書のままですが、見やすいように一部色調を調整してあります。

一、製本法の違いで、挿絵をわずかに拡大しています。

一、ページ番号の数字は原書とは異なります。

〔編集部より〕

当社で復刻を希望される書籍がございましたら、本書新刊に挟み込まれているハガキ等で編集部まで情報をお寄せください。今後の出版企画として検討させていただきます。

アイウエオ
カキクケコ
サシスセソ
タチツテト

「モウ　ゴハン
デスカラ、
カヘリマス。
マタ
アシタ、
イッショニ
アソビマセウ」。

ハナコサンガ
カヘリマシタ。
ワタクシハ、
オトウト ト
フタリデ、
オモチャヲ
カタヅケマシタ。

ツヨイ コ ハ、
ナキマセン。
イタクテモ
ガマンシマス。
ツヨイ コ ハ、
コハガリマセン。
クライ トコロ〃

デモ ヘイキ デス。
ツヨイ コ ハ、
イヂワルヲ
シマセン。
トモダチニ
シンセツ
デス。

ケフハ　ウンドウ゠
クヮイ　デス。
ハタガ、タクサン
ヒラヒラシテ　ヰマス。
ヒトガ、オホゼイ
見ニ　來テ　ヰマス。
チクオンキノ
オンガクガ

ナリヒビイテ　ヰマス。
ワタクシタチハ、
ゲンキニ　ダルマ゛
オクリヲ　シマシタ。
ヒノマルカウシンモ
シマシタ。
ヒルノ　オベンタウヲ
オイシク　タベマシタ。

コトシノ　オコメガ
デキマシタ。
日本デハ、
ヨイ　オコメガ、
タクサン
デキマス。
オホムカシカラ、
日本ノ　ヒトタチハ、

オコメノ　オカゲデ
ソダチマシタ。
ワタクシタチハ、
一ツブノ
ゴハンモ、
ソマツニ　シテハ
ナラナイト
オモヒマス。

オトウトガ、
ビャウキデ
ネテ ヰマス。
オトウサンモ、
オカアサンモ、
ソバニ ツイテ
シンパイシテ
イラッシャ イマス。

ワタクシハ、
オヤニ
シンパイヲ
カケテハ
ナラナイト
オモヒマシタ。

オカアサンガ、

「ニハヲ　オハキナサイ。」
ト　オッシャイマシタ。
ワタクシハ、

「ハイ。」
ト　イッテ、
イチラウト
イッシヨニ、　ニハヲ

ハキマシタ。
ニハガ キレイニ
ナリマシタ。

ワタクシハ、弟ト フタリデ、
オルスバンヲ
シマシタ。
イッショニ
ヱ本ヲ ミタリ、
オモチャデ アソンダリ
シマシタ。
オカアサンガ、 カヘッテ

イラッシャイ
マシタ。
「ヨク
オルス
バンヲ
シテ
クレマシタネ。」
ト オッシャイマシタ。

一グヮツ〃
一ジツニハ、
アサ　ハヤク、
ウヂガミサマヘ
オマヰリシマセウ。
「シンネン　オメデタウ」。

ト イヒマセウ。
ガクカウノ シキ
デ、「キミガヨ」ヲ
ウタヒマセウ。
ハネヲ ツイタリ、
タコヲ アゲタリ
シテ アソビマセウ。

私ノ　ウチデハ、
オトウサンモ、
オカアサンモ、
オヂャウブ　デス。
オヂイサンモ、
オバアサンモ、
オタッシャ　デス。
ニイサンモ、

私モ、妹モ、
ゲンキ デス。
アサハ、ウチヂュウ
ソロッテ、早ク
オキマス。
バンニハ、ミンナデ
タノシク ゴハンヲ
イタダキマス。

ヨソノ　ヲバサンガ、
オイデニ
ナリマシタ。
私ハ、テイネイニ
オジギヲ　シマシタ。
オカアサンノ
オ手ツダヒヲ　シテ、
オチャト　オクヮシヲ

持ッテ 行キ
マシタ。
ヲバサンハ、
「マア、
オギャウギノ
ヨイ コト」。
ト オホメニ
ナリマシタ。

テキノ タマガ、雨ノ ヤウニ
トンデ 來ル 中ヲ、日本グンハ、
イキホヒヨク ススミマシタ。
テキノ シロニ、日ノマルノ
ハタガ タカク ヒルガヘリ
マシタ。
「バンザイ。
バンザイ。

バンザイ。」
勇マシイ コヱガ
ヒビキワタリ〃
マシタ。

ネエサン ガ、
「サア、學校へ 行キマセウ」。
ト イッテ、 サソヒマシタ。
私ハ アワテテ、
「ネエサン、 ソノ 本ヤ
チャウメンヲ、 カバン
ニ イレテ クダサイ」。
ト タノミマシタ。

オカアサン ハ、
「ジブンデ ナサイ」。
ト オッシャイマシタ。
私ハ、ジブンデ カバン＝
ノ シマツヲ シテ、
ネエサント
イッショニ、
學校へ 行キマシタ。

私タチハ、
日本ノ　子ドモ
デス。
小サイケレドモ、
ミンナ
日本ノ
コクミン
デス。

先生ノ
ヲシヘヲ
ヨク マモリ
マス。
コンド
ソロッテ、
二年生ニ
ナリマス。

昭和十六年一月二十八日印刷
昭和十六年一月三十一日發行
昭和十六年一月三十一日翻刻印刷
昭和十六年三月十五日翻刻發行

ヨイコドモ上

(新)定價金拾參錢

昭和十六年二月六日
文部省檢査濟

著作權所有

著作兼發行者　文部省

東京市小石川區久堅町百八番地
翻刻發行兼印刷者　日本書籍株式會社
31

代表者　大橋光吉

東京市小石川區久堅町百八番地
印刷所　共同印刷株式會社

發行所　日本書籍株式會社

ヨイコドモ

下

モンブシヤウ

モクロク

一　二年生……五十七
二　サイケイレイ……六十
三　五月ノ　セック……六十一
四　目ダカスクヒ……六十四
五　カミノ　舟……六十七
六　ヤナギニ　蛙……七十
七　ヲヂサント　ヲバサン……七十四
八　ニバシャ……七十八
九　アラシノ　日……八十

十　兵タイサンヘ……八十四
十一　ウヂガミサマ……八十七
十二　ヱンソク……九十
十三　メイヂセツ……九十四
十四　稲カリ……九十六
十五　コウヱンノ シバフ……九十九
十六　タンジャウ日……百一
十七　天皇陛下……百四
十八　キゲン節……百六
十九　日本ノ 國……百九
二十　ヨイ 子ドモ……百十二

一　二年生

ケウシツガ
カハッタ。
机モ
カハッタ。
ウレシイナ。

一年生ガ

ハイッテ 來タ。
弟ヤ 妹ガ タクサン デキタ。
ウレシイナ。

本ガ 新シク ナッタ。
チャウメンモ
新シク ナッタ。
二年生ニ ナッテ
ウレシイナ。

私タチハ、　一年生ノ　セワヲ　シマス。　朝、　學校へ
來ル　時、　サソヒマス。　學校デ、　イッショ　ニ　アソビ
マス。
私タチハ、　先生ノ　ヲシヘヲ　マモリ、
三年生ヤ　四年生ニ　ナラッテ、
ヨイ　子ドモニ
ナラウト
思ヒマス。

ニ　サイケイレイ

テンチャウセツ　デス。
ミンナ　ギャウギヨク
ナラビマシタ。
シキガ　ハジマリマシタ。
テンノウヘイカ
クヮウゴウヘイカノ
オシャシンニ　ムカッテ、

サイケイレイヲ　シマシタ。
「君ガ代」ヲ　ウタヒマシタ。
カウチャウ先生ガ、
チョクゴヲ　オヨミニ
ナリマシタ。　私タチハ、
ホンタウニ　アリガタイト　思ヒマシタ。

三　五月ノ　セック

五月ノ　セックニ
ナリマシタ。
ノキニハ、シャウブ
ガ　サシテ　アリマス。
鯉ノボリガ、イキホヒ
ヨク　ヲドッテ　ヰマス。
オヂイサンガ、
「鯉ハ、ドンナ　早イ　ナガレ
デモ　ノボル　ウヲ　ダ。鯉ノ

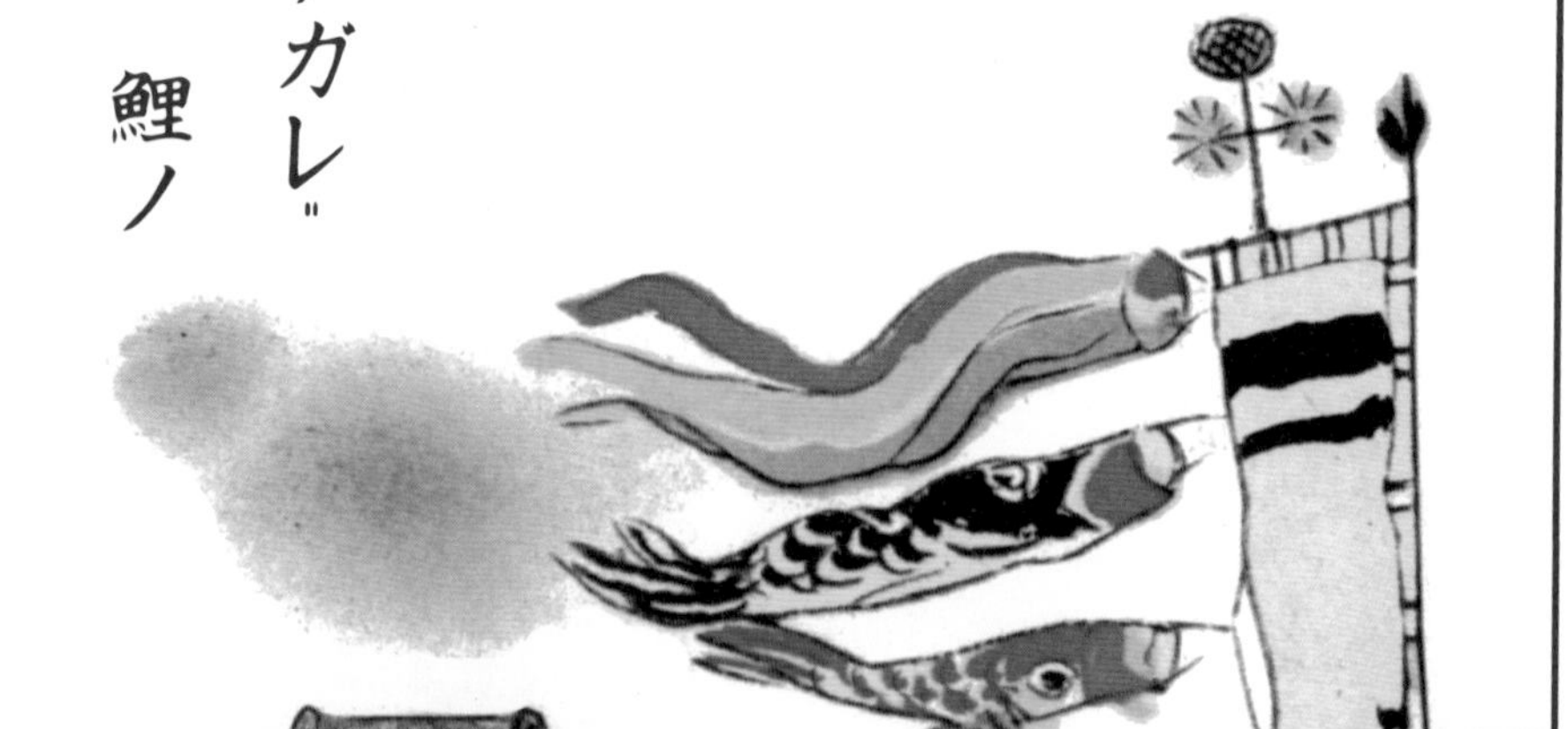

タキノボリト イッテ、タキデモ ノボル ゲンキナ ウヲ ダ。 鯉ノボリヲ 立テルノハ、子ドモガ ツヨイ 子ニ ナルヤウニ オイハヒスル タメ ダ」。ト オッシャイマシタ。

私ト 弟ハ、カミノ カブトヲ カブッテ アソビマシタ。

オカアサント ネエサンハ、カシハモチヲ ツクッテ イラッシャイマス。

四　目ダカスクヒ

「目ダカスクヒニ　行カウヨ。」
ト　イサムサンガ、　サソヒニ　來マシタ。
私ハ、　オカアサンニ　ウカガハウ
ト　思ッテ、　イヘノ　中ヘ
カケコミマシタ。
オカアサンハ、
オ客サマト

オ話ヲ　シテ
イラッシャイマシタ。
「目ダカスクヒニ
行キマスヨ。」
ト　イヒマスト、　オカアサンハ、
「ススム、　オ客サマニ　ゴアイサツハ。」
ト　オッシャイマシタ。　私ハ、
「コンニチハ。」
ト　テイネイニ　オジギヲ　シマシタ。

オカアサンハ、
「アブナイ　コトヲ　シナイ
ヤウニネ。　ユフガタハ
早ク　カヘリナサイ」。
ト　オッシャイマシタ。
私ハ、

「行ッテ　マヰリマス」。
ト　イッテ、外ヘ　出マシタ。

五　カミノ　舟

正男サンハ、イロイロノ　モノヲ、考ヘテ　作ル　コ〃トガ　スキ　デス。

正男サンハ、舟ヲ　作ラウト思ヒマシタ。木デ　作ルノハムヅカシイノデ、グヮヨウシ〃デ　作ル　コトニ　シマシタ。グヮヨウシヲ　タテニ　ニツニ

ヲルヤウニ シテ、 ノリデ ウマク
ハッテ 作リマシタ。 小サイ ホヲ
作ッテ、 舟ニ トリツケマシタ。
カミデ 作ッタノ デスカラ、
ソノママ 水ニ ウカベタ〃
ノデハ、 スグ コハレテ
シマヒマス。
正男サンハ、 オカアサンニ
ラフノ クヅヲ モラヒマ〃

シタ。ソレヲ ハマグリ
ノ カヒガラニ イレテ、
火バチデ トカシマシタ。
トケタ ラフヲ フデノ
サキニ ツケテ、カミノ
舟ニ ヌリマシタ。
モウ 水ニ ツケテモ
ダイヂャウブ ダト、
正男サンハ 思ヒマシタ。

ソコデ　池ニ　ウカベテ　ミルト、　舟ハ　カタムキマス。
正男サンハ、　舟ノ　ソコニ　コマカイ　スナヲ　イレマ
シタ。
コンドハ、　マッスグニ　ウカビマシタ。
風ガ　吹イテ　來テ、　正男サンノ　舟ヲ　シツカニ　走
ラセマシタ。

六　ヤナギニ　蛙

昔 ヲノノタウフウト イフ 人ガ アリマシタ。 小サイ 時カラ ジノ ケイコヲ シテ ヰマシタガ、 思フヤウニ ウマク カケナイノデ、 ヤメテ シマハウカト 思ヒマシタ。

アル 雨ノ 日ニ、 タウフウガ、 庭ニ オリテ 池ノ ソバヲ 見ルト、 一ピキノ 蛙ガ、 シダレヤナギノ 枝ニ、 トビツカウト シテ ヰマシタ。

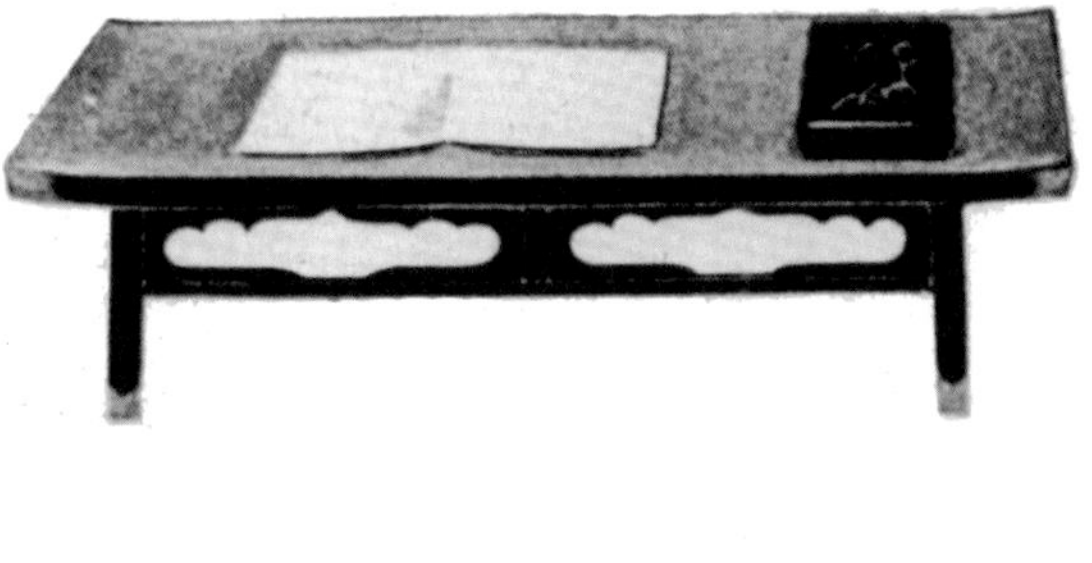

トンデハ　落チ、トンデハ　落チ、何ベンモ　何ベンモ
クリカヘシテ　ヰマス。
トウトウ　ヤナギノ　枝ニ　トビツキマシタ。
タウフウハ　コレヲ　見テ、コンキヨク
スレバ、何ゴトモ　デキナイ　コトハ

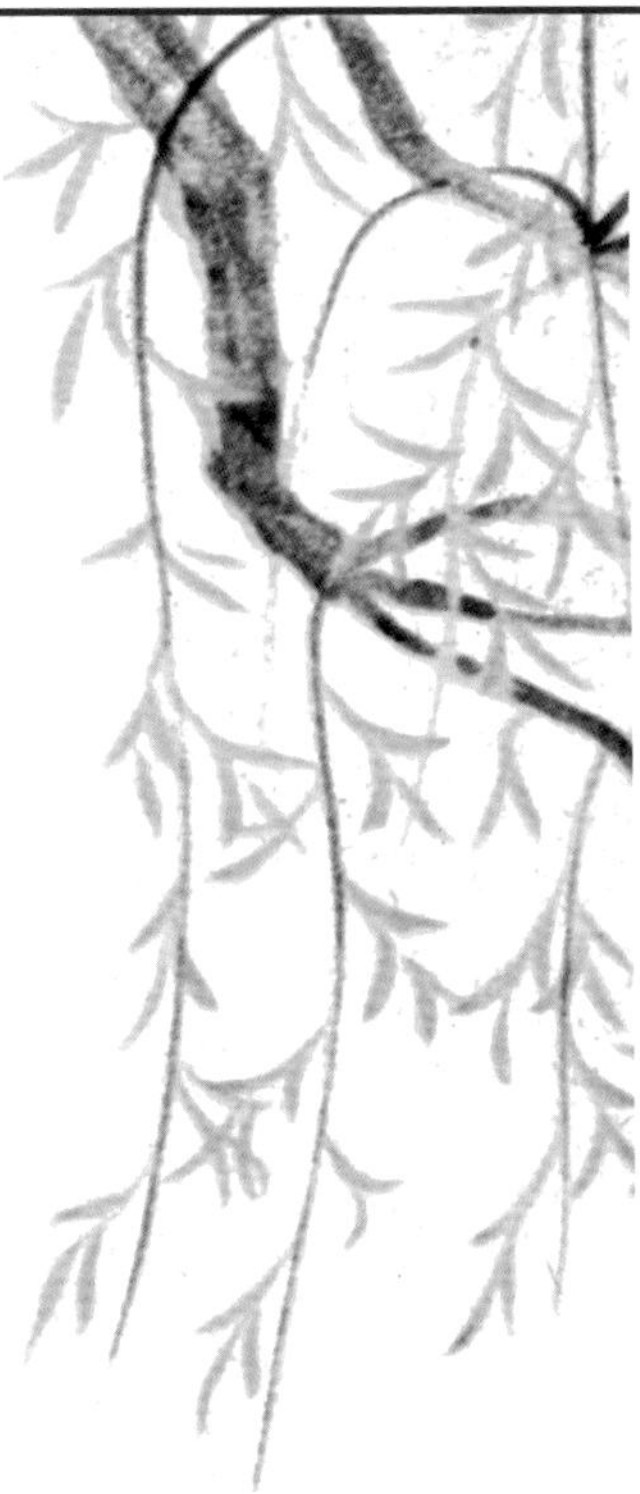

ナイト 氣ガ ツキマシタ。
タウフウハ、ソレカラ イッシンニ
ジ ヲ ナラヒマシタ。
ズンズン ウマク ナッテ、ナダカイ カキテト
ナリマシタ。

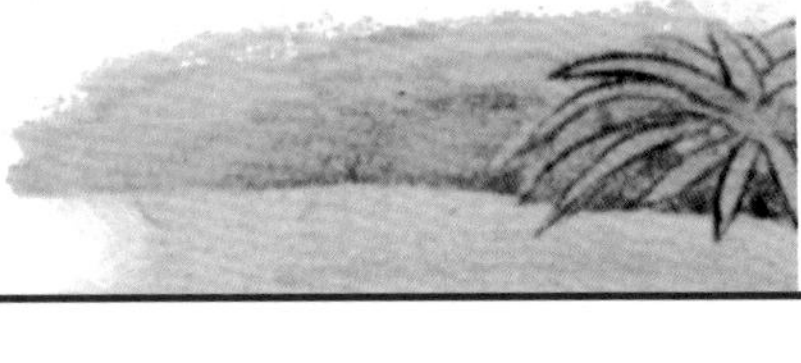

七　ヲヂサント　ヲバサン

私ニハ、ヲヂサント ヲバサンガ アリマス。オトウサンノ 弟ト 妹 デス。オトウサント イッショニ、大キク オナリニ ナッタノ ダサウ デス。

今、ヲヂサンハ、　遠イ　マンシウニ　オスマヒニ
ナッテ　ヰマス。　トキドキ、　シャシンヤ　ヱハガキナ〃
ドヲ　送ッテ　クダサイマス。
ヲバサンノ　ウチハ、　川ノ　ムカフニ　アッテ、　ヨク
行ッタリ　來タリシテ　ヰマス。
キノフモ、　ヲバサンガ、　ヨシ子〃
サンタチヲ　ツレテ、　私ノ　ウチ〃
ヘ　イラッシャ　イマシタ。　私ノ
ウチデハ、　ミンナ　ヨロコンデ、

イロイロ　オモテナシヲ　シマシタ。

オトウサンモ、　オカアサンモ、　タノシサウニ　ヲバサント　オ話ヲ　ナサイマシタ。　私ハ、　人ギャウヤ　ヱ本ヲ　出シテ、　ヨシ子サンタチト　オモシロク　遊ビマシタ。

ヒルスギ、　オテラノ　ヲカニ　アル　ウチノ　オハカへ、　ミンナ　ソロッテ　オマヰリシマシタ。　オサウヂヲ　シタリ、　花ヤ　水　ナドヲ　ソナヘタリシテ　ヲガミマシタ。

ヲカカラハ、タンボガ見エマス。

コノ間、ヲバサンタチ〃ニ オ手ツダヒシテイタダイテ、田ウヱヲスマセマシタ。イネガモウ ダイブ ノビテ、美シイ ミドリイロヲシテ ヰマシタ。

八　ニバシャ

アツイ　夏ノ　ヒザカリ　デシタ。

オモテノ　方デ　車ノ　音ガ　シテ、ソレガ、私ノ　イヘ〃ノ　前マデ　來ルト、急ニ　ヤミマシタ。

私ハ、外ヘ　出テ　見マシタ。

タハラヲ　山ノヤウニ　ツンダ　ニバシャガ、ソコニ止ッテ　ヰマシタ。

ニガ　ユルンダノカ、ニバシャノ　ヲヂサンハ、ナハ〃

ヲ シメナホシテ ヰマス。
馬ハ、 カラダヂュウ アセ
ビッショリニ ナッテ、ハア
ハア イッテ ヰマス。
私ハ、 急イデ、バケツニ 一
パイ 水ヲ クンデ 來マシタ。
「ヲヂサン、 馬ニ ヤツテ
クダサイ」。
ヲヂサンハ、

「ヤア、コレハ　アリガタウ」。

トイッテ、馬ニ　ヤリマシタ。

馬ハ、オイシサウニ　水ヲ　ノミマシタ。

九　アラシノ　日

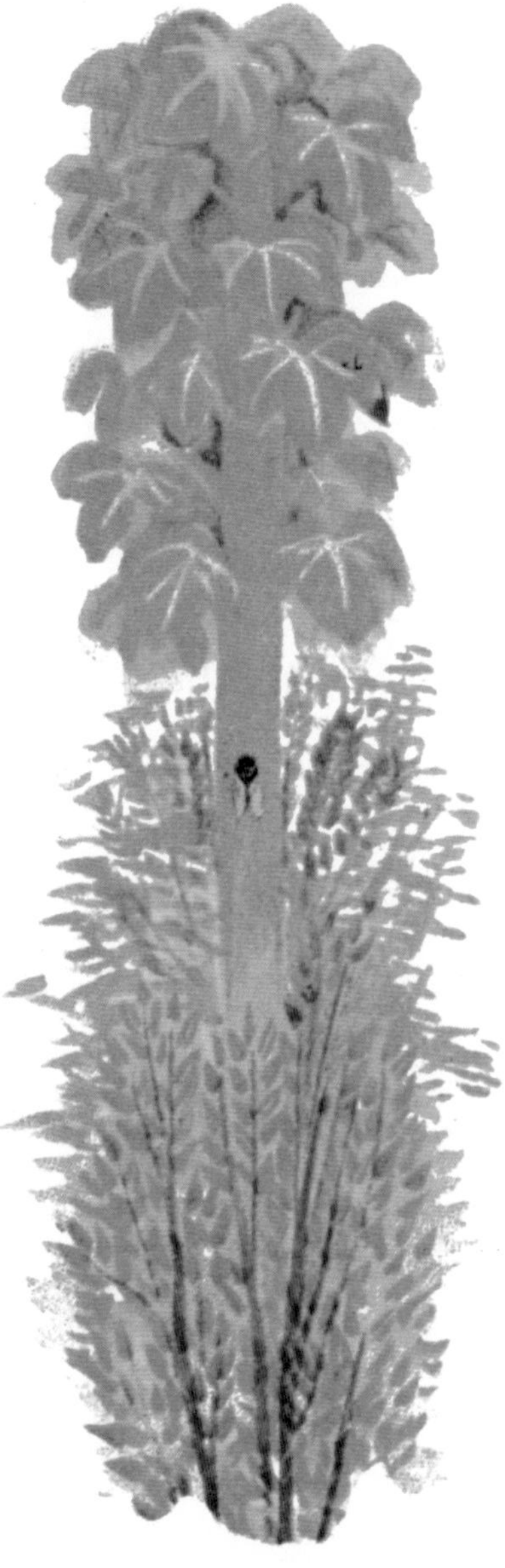

今日ハ、長イ 夏ヤスミガ スンデ、學校ガ ハジマル
日 デス。
朝カラ 大風デ、雨ガ、ザアザア フッテ ヰマス。
オカアサンガ、
「氣ヲ ツケテ 行キナサイ。」
ト オッシャ イマシタ。
私ハ、ゲンキヨク ウチヲ 出マシタ。
一年生ノ フミ子サンヲ サソッテ アゲマシタ。
強イ 風ガ 雨ヲ 吹キツケテ、ナカナカ ススメマ

センデシタ。　ケレドモ、私タチハ、　ヒキカヘシマセンデシタ。

ヤット、　學校ノ　近クマデ　來マシタ。　ダレカ、　學校ノ門ノ　トコロニ　立ッテ、　大キナ　コヱデ、

「氣ヲ　ツケテ　イラッシャイ。」

ト 呼ンデ ヰマス。

「先生 ダ」。

私タチハ、ウレシク ナッテ 急ギマシタ。

スルト、フミ子サンガ 足ヲ スベラシテ、コロビ

サウニ ナリマシタ。
シカシ、私ガ、ウント 足ヲ
フンバッテ ササヘタノデ、
フミ子サンモ コロバズニ
スミマシタ。

十　兵タイサンヘ

兵タイサン、ボクノ
カイタ　ヱ　ヤ　ジヲ
見テ　クダサイ。
シナノ　子ドモ
タチニモ、見セテ
アゲテ　クダサイ。
日ノ丸ノ　旗ハ、

ヂン地ヲ センリャウ〃
ナサッタ 時、コレヲ
フッテ、バンザイヲ
トナヘテ クダサイ。
兵タイサン、ゲンキデ、
ハタライテ クダサイ。
私タチハ、毎ゲツ 一ジツ〃
ニ、ウヂガミサマヘ
オマヰリシマス。

今、私タチノ 學校デハ、
ミンナガ、心ヲ アハセテ
イロイロノ モノヲ アツメテ
ヰマス。コレヲ 賣ッテ、
ヒカウキヤ セン車ヲ
作ッテ イタダクノ デス。
兵タイサン、 サヤウナラ。

十一　ウヂガミサマ

私ノ　ウチデハ、　弟ガ　生マレマシタ。
コノ間、オバアサンニ　ダカレテ、ウヂガミサマヘ
オマヰリシマシタ。

私モ、生マレタ　時、オマヰリシタノダサウデス。

今日ハ、ウヂガミサマノ　オ祭　デス。

オ宮ノ　森ニ　ノボリガ　立チ、朝カラ、タイコガドンドンドント　ナッテ　ヰマス。

ヲバサンノ　ウチカラ、ヨシ子サンタチガ　來マシタ。

私ハ、イッショニ　ウヂガミサマヘ　オマヰリシマシタ。私タチハ、手ヲ　キヨメマシタ。

ハイデンノ　前ニ　ススンデ、ウヤウヤシク　拝ミマシタ。

ソレカラ、 オカグラヲ 見マシタ
スマフモ 見マシタ
オミコシノ 出ル コロハ、
タイソウナ 人出ト
ナリマシタ。
私タチハ、 人ノ
アマリ コマナイ
トコロデ、 オミコシヲ
拝ンデ カヘリマシタ。

十二　ヱンソク

タノシイ　ヱンソクノ　日ガ
來マシタ。　私タチハ、　天神〃
山ニ　ゲンキヨク　出カケマ〃
シタ。
荷馬車ヤ、　自動車ガ、　イク〃
ツモ　通ッテ　ヰマス。
私タチハ、　道ノ　左ガハヲ

アルキマシタ。
サカ道ヲ オリテ、橋ヲ ワタルト、汽車ノ フミキリガ アリマシタ。ヨク 氣ヲ ツケテ 通リマシタ。

天神山ハ、見ハラシノ ヨイ トコロ デシタ。
ウヂガミサマノ 森ガ 見エマス。
火ノ見ヤグラガ 見エマス。
ミンナガ、ジブンノ ウチハ ドコダラウト サガシマシタ。

松ノ コカゲデ、 オベン〃
タウヲ タベマシタ。
アトデ、 紙クヅヤ、 クダ〃
モノノ カハナドヲ シ〃
マツシマシタ。
キレイナ 水ノ 流レテ
ヰル カハラニ オリテ、
小石ヲ ヒロッタリ、 砂〃
遊ビヲ シタリシマシタ。

ススムサンガ、
「サッキ　オベンタウヲ　タベタ　トコロニ、　水トウ〃
ヲ　忘レテ　來タ」。
ト　イヒマシタ。
私ハ、　先生ニ　マウシアゲテ、　ススムサント　イッ〃
ショニ　水トウヲ　サガシニ　行キマシタ。　水トウハ
見ツカリマシタ。
カヘリニハ、　ベツノ　道ヲ　通ッテ　カヘリマシタ。

十三　メイヂセツ

十一月三日ハ、　メイヂセツ
デス。
メイヂテンノウハ、　コノ日
ニ　オ生マレニ　ナリマシタ。
メイヂテンノウハ、　日本ヲ、
世界ノ　ドノ　國ニモ　オト
ラナイ、　強イ　國ニ　ナサイ

マシタ。　日本ハ、　朝日ノ　ノボルヤウナ　勢デ、　サ
カンニ　ナリマシタ。
キクノ　花ノ　咲ク　メイヂセツニハ、　日本國ヂュウ
メイヂテンノウヲ　オシノビ　マウシアゲマス。
トウキャウノ　メイヂジングウニハ、
タクサンノ　人ガ　オマヰリ
シマス。

十四　稲カリ

私ノ　ウチノ　トナリキンジョハ、
ミンナ　ナカヨシ　デス。
正一サンノ　ウチデハ　オトウ〃
サンガ　病氣ナノデ、　今日ハ
キンジョノ　人ガ、　稲カリヲ
シテ　アゲマシタ。　チャウド
日曜日　ダッタノデ、　私タチ〃

ハ、タンボヘ オベンタウヲ
持ッテ 行ッテ アゲマシタ。
稲ヲ カッタリ、ハコンダリ、
ミンナ イッシャウケンメイ〃
デ ハタライテ イラッシャイ〃
マシタ。
廣イ タンボガ、ズンズン
カタヅイテ イキマシタ。
シゴトノ スンダ アトデ、

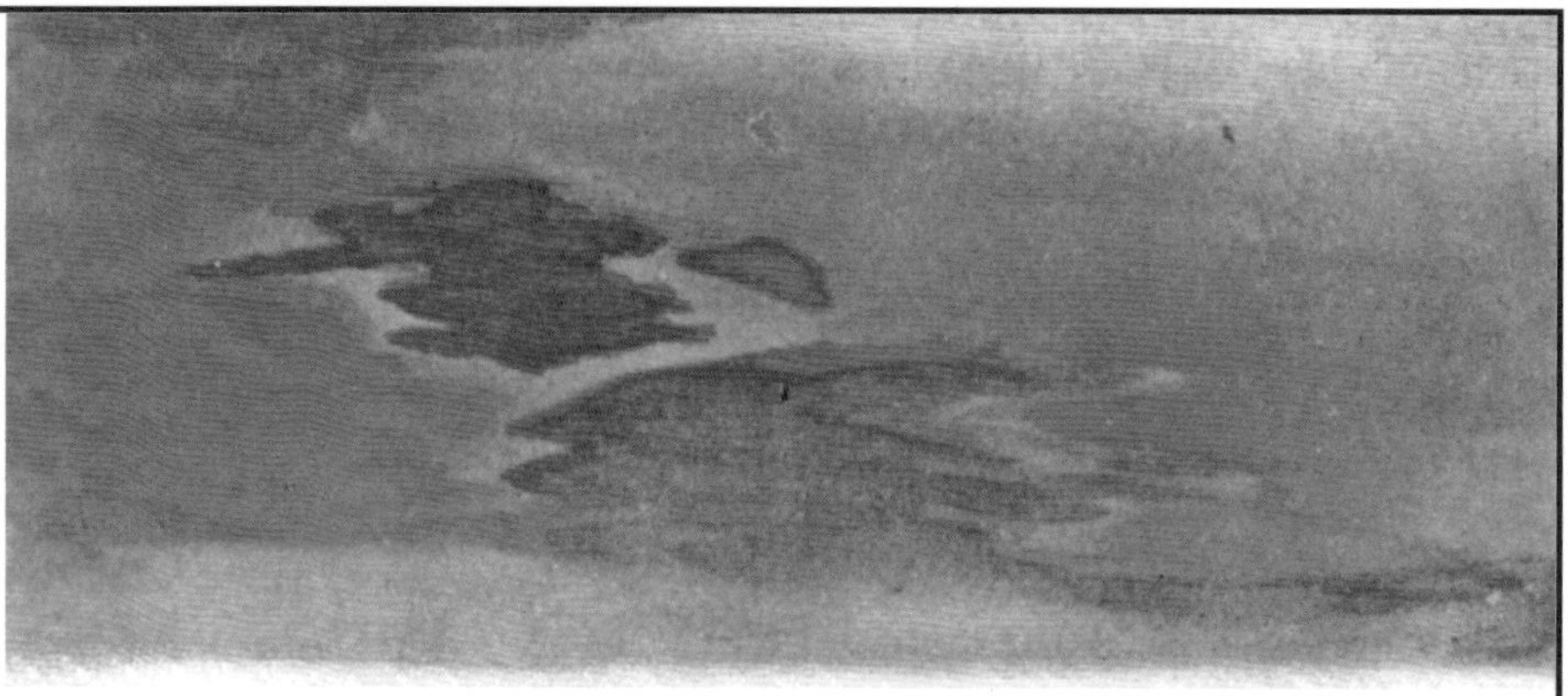

正一サンノ　オカアサンハ、　何ドモ　オ禮ヲ　オッシャイマシタ。
私ノ　オトウサンガ、
「ナァニ、　ミンナデ　ヤレバ、
ワケハ　アリマセンヨ。」
ト　オッシャイマシタ。
ヒロビロト　シタ　タンボニ、　夕日ガ　美シク　サシマシタ。

十五　コウヱンノ　シバフ

正男サンハ、友ダチト　町ノ　コウヱンヘ
遊ビニ　行キマシタ。スベリダイデ
スベッタリ、ブランコニ
乗ッタリシテ、

タノシク 遊ビマシタ。
シバフガ アリマシタ。
モウ 黄色ニ ナッテ ヰマシタガ、キレイニ 手イレガ シテ アリマシタ。
友ダチハ、
「アノ シバフデ 遊バウ。」
ト イヒマシタ。 正男サンハ、
「シバフニ ハイルナト 書イ

テ アル。ハイルノハ ヨサウ。」
トイヒマシタ。

十六　タンジャウ日

今日ハ　花子サンノ　タンジャウ日
デス。オカアサンガ、オセキハン〃
ヲ　タイテ　クダサイマシタ。
「花子ヤ、　一郎ガ、　ヂャウブニ

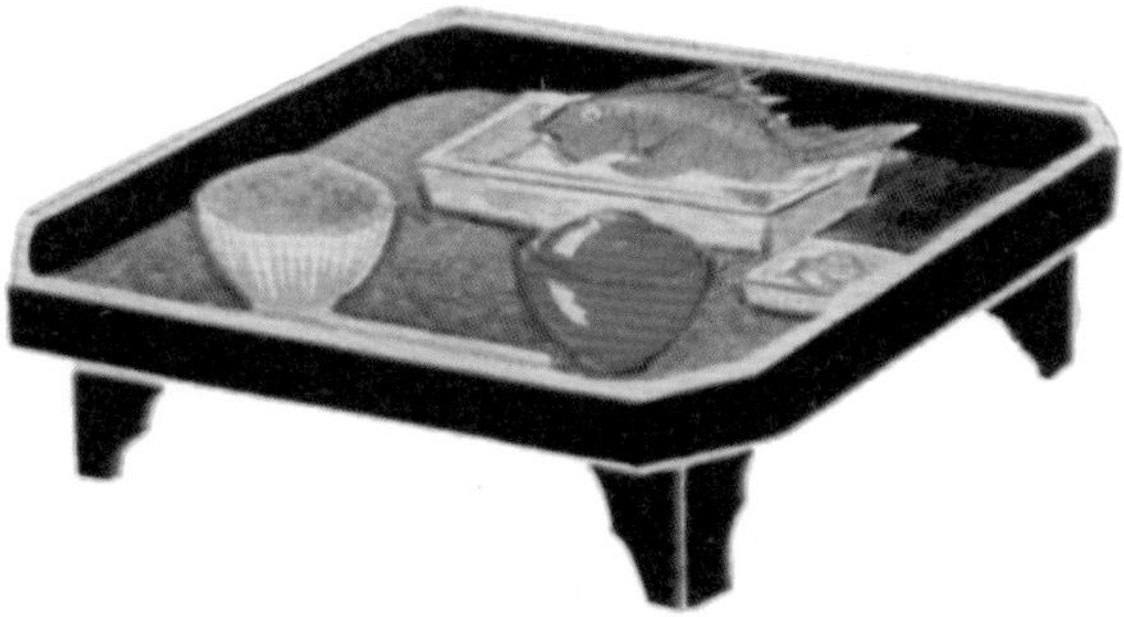

ソダッテ、　ホンタウニ
ウレシイ」。
ト、　オカアサンハ、
ニコニコシナガラ
オッシャイマシタ。
花子サンハ、　イツカ
弟ガ　病氣ニ　ナッタ　時、
オトウサンヤ　オカアサン
ガ、　夜モ　ネナイデ　シンパイ

ナサッタ コトヲ 思ヒ出シテ、 カラダヲ ダイジニシナケレバ ナラナイト 思ヒマシタ。

花子サンタチハ、 毎朝 早ク 起キテ、 シンコキフヤラジオタイサウヲ シマス。 タベモノニモ 氣ヲ ツケマス。

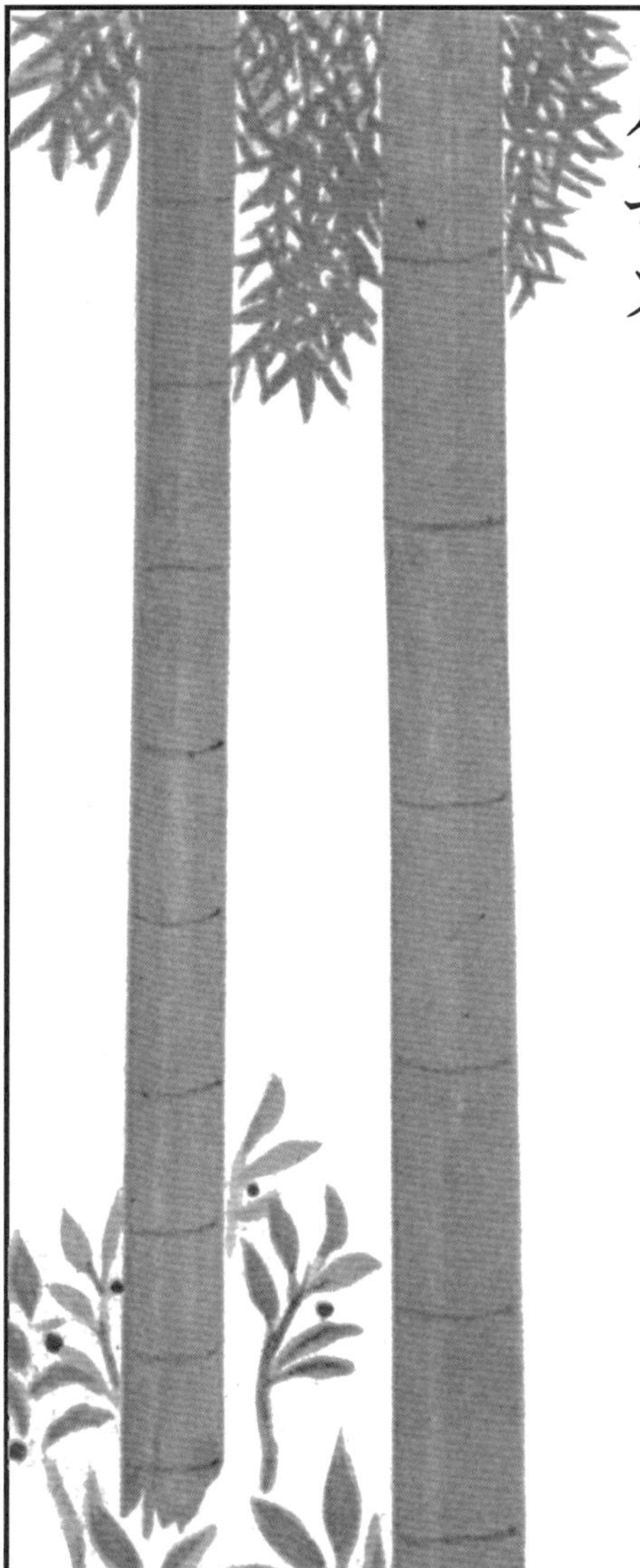

十七　天皇陛下

天皇陛下ハ、宮城ニ　オイデニ　ナリマス。

宮城ノ　松ノ　ミドリハ、イツ　ナガメテモ　カハリマセン。

天皇陛下ノ　オヲサメニ　ナル　ワガ　日本ハ、世界

中デ 一番 リッパナ 國 デス。天皇陛下ヲ イタダイテ ヰル 日本國民ハ、ホンタウニ シアハセ デス。

私タチノ ソセンハ、ダイダイノ 天皇ニ チュウギヲ ツクシマシタ。 私タチモ、ミンナ 天皇陛下ニ チュウギヲ ツクサナケレバ ナリマセン。

十八　キゲン節

ダイ一ダイノ　天皇ヲ、　ジンム〃
天皇ト　申シアゲマス。
天皇ハ、ヤマトノ　カシ原ニ　都〃
ヲ　オサダメニ　ナッテ、　ミク〃
ラヰニ　オツキニ　ナリマシタ。
ソレカラ　二千六百年ト　イフ
長イ　年月ガ　タチマシタ。

ジンム天皇ハ、ハジメ ヒウガノ 高チホノ宮ニ オイデニナリマシタ。ソノ コロ 遠イトコロニハ、長スネヒコトカ、ヤソタケルトカ イフ 心ガケノヨクナイ モノガ ヰテ、カッテナ フルマヒヲ シテ ヰマシタ。天皇ハ、廣ク 日本ゼンタイニ、ミメグミヲ タレヨウト オボシ

メシテ、ヨクナイ　モノヲ　オウチニ　ナリマシタ。
天皇ハ、ゴジブンデ　ミイクサビトヲ　オツレニ
ナッテ、イクサノ　苦シミヲ　ゴイッショニ　ナサイ
マシタ。ミイクサビトハ、天皇ノ　オンタメニ　命
ヲ　ササゲ、ミヲ　ステテ　ツカヘマシタ。
アル　時、金色ノ　トビガ　トンデ　來テ、天皇ノ　オ弓
ノ　先ニ　止リ、イナヅマノヤウナ　光ヲ　ハナチマシタ。
長スネヒコラハ、コノ　光ニ　目ガ　クランデ　シマ
ヒマシタ。

ソレカラ　マモナク、　天皇ハ　ミクラヰニ　オツキニナリマシタガ、　ソノ　日ガ　チャウド　二月十一日ニアタルノデ、　キゲン節ノ　オイハヒガ　アリマス。

十九　日本ノ　國

明カルイ　タノシイ　春ガ　來マシタ。

日本ハ、春夏秋冬ノナガメノ美シイ國デス。
山ヤ川ヤ海ノキレイナ國デス。
コノヨイ國ニ、私タチハ生マレマシタ。
オトウサンモ、オカアサンモ、コノ國ニオ生マレ〃
ニナリマシタ。
オヂイサンモ、オ〃
バアサンモ、コノ
國ニオ生マレニ
ナリマシタ。

日本　ヨイ　國、
キヨイ　國。
世界ニ　一ツノ
神ノ　國。

日本　ヨイ　國、
強イ　國。
世界ニ　カガヤク
エライ　國。

二十　ヨイ　子ドモ

私タチハ、今度　ミンナ　ソロッテ、　三年生ニ　ナリマス。

私タチハ、コノ　學校ヘ　ハイッテカラ、　ヨク　ベンキャウヲ　シマシタ。　カラダヲ　ヂャウブニ　シマシタ。　先生ヤ、　オトウサン　オカアサンノ　イヒツケヲヨク　守ッテ、　ヨイ　子ドモニ　ナラウト　心ガケテキマシタ。

私タチハ、先生カラ
イロイロナ　オ話ヲ
聞キマシタ。
天皇陛下ノ　アリガ
タイ　コトガ　ワカリ
マシタ。天皇陛下ヲ
イタダク　日本ノ　國
ハ、世界中デ　一番
タフトイ　國デ　アル

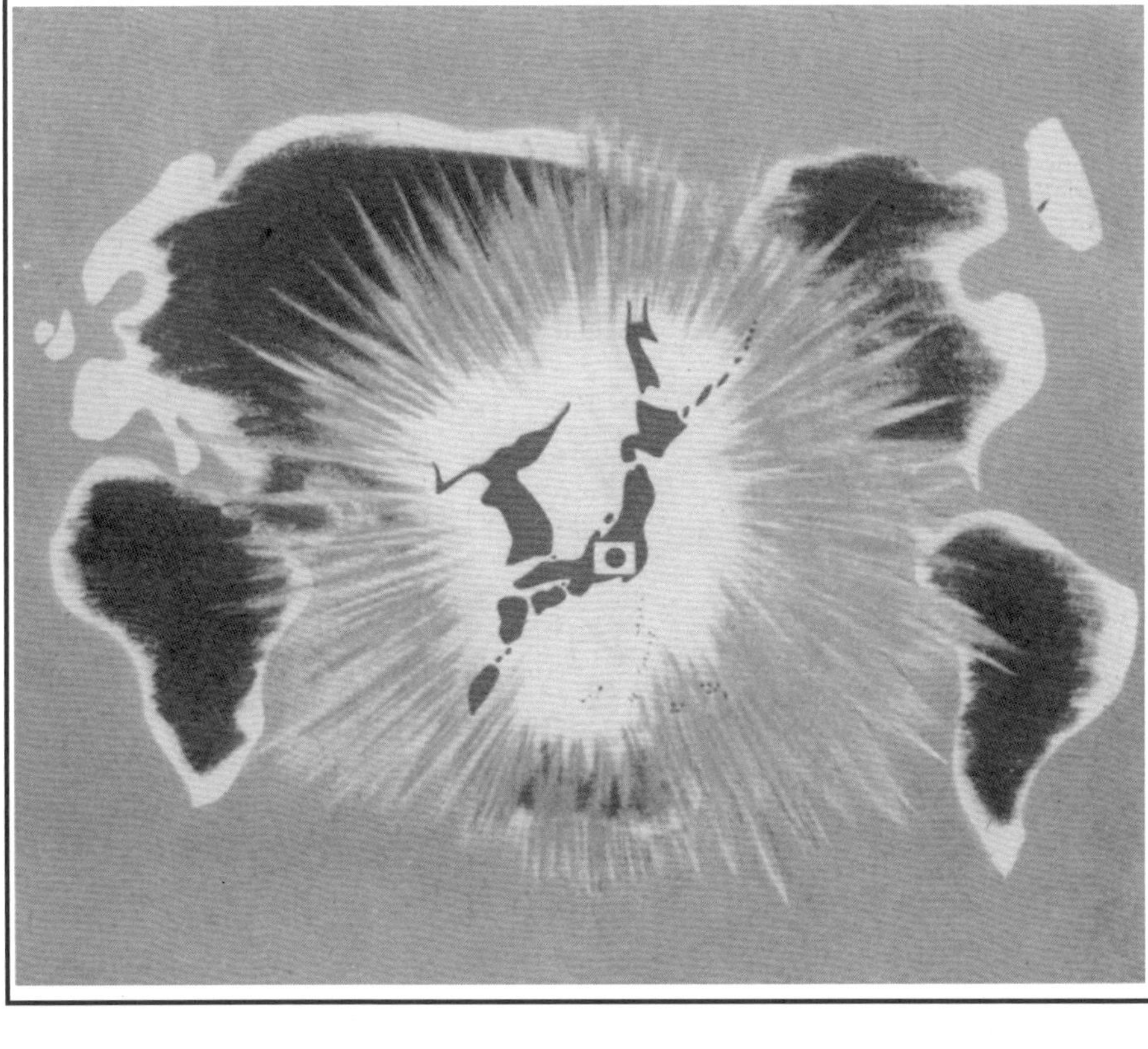

コトヲ 知リマシタ。 私タチハ、 天皇陛下ニ チュウ〃
ギヲ ツクシ、 コノ ヨイ 國ヲ、 ミンナデ イッソウ
ヨイ 國ニ シナケレバ ナラナイト 思ヒマス。

今日ハ、 學校ノ シフゲフシキ デシタ。 ショウショ〃
ヲ イタダイテ、 ウチヘ カヘリマシタ。
オトウサン オカアサンハ、 タイソウ オ喜ビニ
ナッテ、
「コレカラモ、 先生ノ 教ヘヲ 守ッテ、 イッソウ

ヨイ 子ドモニ オナリナサイ」。
ト オッシャイ
マシタ。

終

昭和十六年二月五日印刷
昭和十六年二月七日發行
昭和十六年二月七日翻刻印刷
昭和十六年三月十五日翻刻發行

ヨイコドモ下

㊎新 定價金拾六錢

昭和十六年二月十四日
文部省檢查濟

著作權所有

著作兼發行者 文部省

翻刻發行兼印刷者 東京市小石川區久堅町百八番地 日本書籍株式會社
31

代表者 大橋光吉

印刷所 東京市小石川區久堅町百八番地 共同印刷株式會社

發行所 日本書籍株式會社

［復刻版］国民学校教科書シリーズ

［復刻版］よみかた上・下
［初等科国語 低学年版］

佐波優子 解説

東京大学名誉教授 **矢作直樹**氏　**推薦**

「戦時下にあって、児童が生き生きとした日常やご先祖の物語を情緒あふれる文で学んだ様子を、追体験してみませんか」

フルカラー 上・下巻 箱入りセット
本体 4500円

［復刻版］**初等科国史**	三浦小太郎 解説	本体 1800円
［復刻版］**高等科国史**	三浦小太郎 解説	本体 1800円
［復刻版］**初等科修身**	矢作直樹 解説	本体 1800円
［復刻版］**初等科国語**［中学年版］	葛城奈海 解説	本体 2000円
［復刻版］**初等科国語**［高学年版］	小名木善行 解説	本体 2500円
［復刻版］**初等科地理**	宮崎正弘 解説	本体 1700円
［復刻版］**中等歴史**［東亜及び世界篇〈東洋史・西洋史〉］	三浦小太郎 解説	本体 1700円
［復刻版］**国民礼法**	竹内久美子 解説	本体 1400円
［復刻版］**高等科修身**［男子用］	高須克弥 解説	本体 1500円
［復刻版］**中等修身**［女子用］	橋本琴絵 解説	本体 1800円